La «Noire Idole»

© 2024, Laurent Tailhade (domaine public)
Édition : BoD • Books on Demand GmbH, In de Tarpen 42, 22848 Norderstedt (Allemagne)
Impression : Libri Plureos GmbH, Friedensallee 273, 22763 Hamburg (Allemagne)
ISBN : 978-2-3225-4364-9
Dépôt légal : Août 2024

La noire idole: Étude sur la Morphinomanie

Laurent Tailhade

———————————

Il a été tiré vingt exemplaires sur Hollande Van Gelder numérotés de 1 à 20.

Les personnes étrangères aux études médicales: hommes de lettres ou du monde, romanciers, chroniqueurs, simples gobe-mouches qui parlent, écrivent, discourent sur le propos de la morphine et de la morphinomanie, ignorent, la plupart du temps, le premier mot de leur sujet. Ils préconisent avec un aplomb qui déconcerte, des lieux-communs aussi vagues qu'erronés. Bon nombre de docteurs ne sont guères plus instruits que le public sur les arcanes du voluptueux et sinistre poison. Les plus avisés décernent leur clientèle au spécialiste; d'autres, moins éclairés ou moins délicats, proposent des traitements infructueux et chimériques. Optimistes à l'excès, d'aucuns, regardent la morphinomanie comme une «mauvaise habitude», comparable à celle des cartes ou du tabac. Ils prétendent la guérir par des procédés aimables ou de spécieuses diversions: promenades, théâtre, injections d'eau claire et tout ce qui s'en suit. D'autres enfin, cyniques faiseurs de dupes, exploitent, sous couleur de la traiter, cette «maladie expérimentale» qui, à moins d'une cure efficace et rationnelle, permise aux thérapeutes seuls outillés pour cet objet, n'a d'autre aboutissant que le désespoir, la vésanie ou la mort.

Opium de l'Occident, la morphine est à peu près au suc de pavot, ingéré en pastilles ou fumé dans des pipes, ce que les brûlants alcools de grains ou de fruits: gin, hasselt, kirsch, genièvre ou schiedam, sont à la bière, au vin non frelatés. L'ivresse immédiate, foudroyante ne permet pas à l'adepte un moment de répit. De prime abord, la possession est complète, comme chez ces démonopathes dont les juges ecclésiastiques ou civils: Boguet, Remigius, Lancre, del Rio ont, à leur insu, étudié la névrose. Une force inconnue et despotique s'empare de la victime, agit à sa place, dédouble en quelque manière sa personnalité. Au MOI raisonnant et social, un autre MOI se substitue en qui toute idée, en qui tout sentiment est aboli par l'appétit égoïste de la piqûre béatifiante.

Comment les peuples indo-européens, à qui leur activité permet de conquérir le monde et d'exproprier «des races incompétentes», se laissent-ils envoûter par ce morne sortilège, destructeur de la force et de la volonté, au moment précis où l'universelle concurrence impose à l'homme de vouloir et d'entreprendre, sans une minute d'hésitation ni de repos? Les nations les plus actives semblent renchérir sur ce goût. A Londres, le samedi au soir, les apothicaires débitent de l'extrait thébaïque et des pilules d'opium brut, tout comme les bars versent du gin ou du wisky.

On entre dans la morphine par deux chemins inégalement semés de fleurs. Les uns, dans le but légitime d'accoiter leurs souffrances, ont recours aux vertus du terrible stupéfiant: d'autres y cherchent impudemment une sensation de plaisir, un bien-être que le docteur Ball a qualifié, le premier, d'*euphorie* . Mais, quelle que soit la porte ouverte sur cet enfer, par la thérapeutique ou l'appétit des sensations nouvelles, pareille est la damnation. «La Noire Idole», comme Quincey appelait sa carafe de laudanum, ne lâche pas sans d'incroyables efforts les dévots qu'elle a conquis.

Quel est donc ce philtre magique, cet élixir de mort qui vend si cher ses prétendus bienfaits? Sans remonter à Dioscoride, au médecin Andromachus, calmant les crises épileptiques de Néron à grand renfort de thériaque, à Galien qui soignait les maladies nerveuses de Julia Mæsa, de Julia Domna et de leurs courtisans, les propriétés soporatives de l'opium furent connues et largement utilisées par les morticoles d'autrefois.

Contrairement à la doctrine du *Malade Imaginaire*, l'opium ne fait pas dormir, ou, du moins, ne fait dormir qu'à très longue échéance. Il provoque tout d'abord une chaude ébriété; il confère au patient l'oubli momentané des plus cruelles douleurs. C'est un «remède désangoissant», ainsi que l'appelle à bon droit le docteur Dubuisson.

Dans les premières années du XIXe siècle, le chimiste Sertüner isola, parmi d'autres alcalis organiques, un alcoloïde à la fois sédatif et convulsivant, que l'opium de Smyrne, de l'Inde ou d'Egypte renferme dans la proportion moyenne de 10%.

L'empoisonneur Castaing utilisa, peu après (1823), la découverte du chimiste. Il «réalisa» son ami Ballet comme Lapommerais devait «réaliser», quarante et un ans plus tard, Mme de Paw, sa maîtresse, au moyen de la digitaline récemment acquise à la pharmacopée par Homolle et Quévenne. Hippolyte Ballet et Mme de Paw avaient commis l'erreur de souscrire une assurance sur la vie à leurs vénéneux compagnons. Castaing, après avoir attiré sa victime à Saint-Cloud (qui paraissait alors une villégiature suffisamment rustique), lui donna le boucon à l'auberge de la *Tête Noire*. C'était, dans du vin chaud, une solution fortement chargée d'acétate de morphine. Ballet trouva le vin si amer qu'il n'en but qu'une gorgée, attribuant ce mauvais goût au zeste du citron. La nuit fut mauvaise. Castaing, le jour suivant, administra une potion au malade qui rendit superflue toute médication ultérieure. Le pauvre garçon en mourut après quelques instants.

A vrai dire, ce n'est pas la morphine elle-même, peu soluble dans l'eau, qu'utilisent les médecins et toxicomanes, mais un sel de morphine, le chlorhydrate, qui merveilleusement se prête à cet emploi. Dissous filtré, bouilli, décanté, mis à l'abri des poussières dans un flacon élégant de cristal, voici le philtre irrésistible qui permet au premier butor venu de cambrioler aisément la forteresse du Bonheur! Ajoutez l'instrument bien en main auquel un orthopédiste lyonnais servit de parrain vers 1860 et que, pendant la guerre de 1870, importèrent en France les praticiens de l'armée allemande: l'outillage sera complet. Le postulant des paradis artificiels peut consommer d'emblée ses fiançailles avec la Mort.

Une piqûre légère, point méchante, cuisante à peine pour les maladroits. Et soudain le charme opère. Une onde vous enveloppe, «un océan de délices», comme d'un sang plus vif et rajeuni. C'est «da lune de miel», ainsi que veut bien (après nous) dire le professeur Brouardel (*Opium, Morphine et Cocaïne*, J.-B. Ballière, éditeur). Dans cette période élévatoire, dans la crise initiale que provoque l'usage du terrible excitant, les idées affluent, les œuvres s'ébauchent, la parole surabonde, l'ivresse emporte l'hésitation et la timidité. La mémoire se colore et s'amplifie. Une eurythmie clairvoyante harmonise la pensée. Les chagrins sont en fuite et les sens abolis. Dans la plénitude heureuse de sa force et de sa joie, l'homme se sent devenir dieu.

Cette béatitude n'a rien de turbulent. La joie un peu vulgaire et communicative que déchaîne, après boire, l'usage des liqueurs fermentées ne ressemble en aucune façon au recueillement voluptueux suggéré par la morphine. Elle exalte au plus haut point l'opinion favorable que le sujet a de lui-même. Exempt des servitudes physiques, réduit à l'état de pur esprit, il contemple avec une dédaigneuse indulgence les espèces qui l'environnent. Il plane au-dessus des réalités quotidiennes. Il n'éprouve nul besoin de communiquer avec le troupeau congrégé à ses pieds. L'orgueil est le moins bavard de tous nos sentiments.

Une erreur fort commune est de croire que la morphine suscite des rêves, procure des visions, ajoute, en un mot, aux richesses intellectuelles de ses familiers. Son pouvoir est à la fois plus grandiose et moins extraordinaire. Elle porte en soi une énergie révélatrice qui montre à l'homme des coins insoupçonnés de mémoire et d'imagination, éclaire à ses propres yeux les dessous, les recoins obscurs de sa personnalité, avive, comme les caractères d'un palimpseste, tels souvenirs, telles images, tels émois presque effacés. Elle «interprète» à l'initié les moindres conjonctures, lui développe ses propres imaginations en des épilogues savoureux. C'est le flambeau de Psyché qui s'allume au plus profond de l'être et fait palpiter à sa lumière le chatoiement des trésors ensevelis.

Bientôt, cependant, les brumes irisées, les flottantes gazes, les vapeurs de kief épaississent leur rideau. Le brouillard qui prêtait à l'existence le charme des contours indéterminés devient un mur impénétrable, un cachot d'où le prisonnier ne s'évadera qu'au prix d'exécrables douleurs.

En peu de temps le malade perd mémoire, volonté, sommeil, tous les appétits. Il vit, incapable d'action, dans une somnolence énervée, il rêvasse à des actes qu'il n'accomplira point. Lorsque sous l'impulsion d'une dose insolite, il rentre un instant dans la vie ambiante, c'est pour intégrer des gestes baroques ou délictueux. Si déchu qu'il soit, le buveur de vin ou d'absinthe est susceptible encore d'une activité passagère, tandis que le morphinomane, prisonnier d'un besoin vital, indispensable au même titre que le besoin de respirer, demeure à jamais exclu de l'action humaine. Pour tout dire, l'alcoolique est un impulsif, le morphinomane, un inhibé.

Dans la plupart des cas, la morphinomanie est un mal réservé, comme la goutte, aux heureux du monde. C'est un péché de luxe. A part les victimes du bistouri, les opérées des gynécologues, les *unsexeds* qui traînent leur blessure éternelle; à part les maniaques professionnels: médecins, apothicaires, sages-femmes, le principal effectif des toxicomanes se recrute dans le monde salarié de la galanterie. Les belles-de-nuit, leurs stupides clients, que ne satisfont plus les vins ruineux, les liqueurs de flamme, condimentent de poisons leurs mornes caravanes, pratiquent un régime d'alcaloïdes: morphine, cocaïne, héroïne, plus ou moins soutenu.

Le docteur Georges Dumas, soupant au café Sylvain, près d'un morphinomane en «état de besoin», a vu l'une des péripatéticiennes jouxtantes à ce prostibule se lever après avoir diagnostiqué d'un œil expert l'état du malade, et lui proposer une piqûre, avec le même air dont entre fumeurs on s'offre du tabac.

Maurice Talmeyr (*Les Possédés de la morphine*) cite le cas d'une pierreuse qui, par dégoût des obligations professionnelles, recourait à la Pravaz. Premier que de subir le client, elle s'injectait quelques centigrammes, fermait les paupières; la demi-anesthésie morphinique lui rendait presque tolérable son esclavage et l'odieux labeur de chaque soir.

Il appartenait aussi au monde ignorant et vaniteux de la race fashionable, ce fils de banquier mort avec son amie, dans une hideuse maison meublée du faubourg Saint-Honoré, après huit jours de morphinisation ininterrompue. Il avait pris goût à ces redoutables pratiques dans une maison de santé où sa famille l'avait interné par esprit d'économie!

Elle menait la vie à grandes guides, cette Loris B... qui, de Naples à Pétersbourg, de Londres à Constantinople, dissipa vingt fortunes en princières orgies. Ayant épuisé les inventions d'une débauche capable de satisfaire Julie ou Messaline, elle se tourna vers les plantes vénéneuses, fut en peu de temps une toxicomane de la grande portion. A l'état normal, prodigue, payant ses plaisirs avec une libéralité d'impératrice, elle devenait, sous l'influence du pavot, une maîtresse de maison économe jusqu'à la pingrerie, épluchant les factures, grondant ses domestiques pour le plus minime débours, lésinant sur le blanchissage, attentive à la desserte, *râleuse* , en un mot, comme la dernière des bourgeoises. En «état de besoin», sa complexion véritable reprenait le dessus. Elle gaspillait de plus belle et se donnait à prix d'or les moins honnêtes distractions.

Il s'en faut de beaucoup, néanmoins, que tous les morphinomanes soient membres des cercles aristocratiques, habitués des grands bars, riches demi-mondaines comme cette Loris B... ou bien encore comme Mlle D..., «la reine du Sahara», dont M. Edgard Bérillon a publié l'observation (*Revue de l'hypnotisme*, juillet-octobre 1899).

Le docteur Griffon, médecin à la Santé, a, dans le courant de janvier 1901, traité le peintre en bâtiment Namêche qui, après avoir communiqué le goût de la morphine à sa compagne, ainsi qu'aux enfants de la dame, volait aux pharmaciens l'objet de ses désirs par un procédé original dont il fut, croyons-nous, l'inventeur.

Quelques instants avant l'heure où les marchands de pilules mettent leurs volets, s'étant au préalable assuré que la victime de son choix était bien seule et gardait la boutique, Namêche lui mandait sa pseudo-belle-fille nantie d'une fausse prescription ordonnant plusieurs grammes du chlorhydrate impatiemment attendu. Quand l'homme de l'art, ayant effectué sa préparation, n'avait plus qu'à boucher la fiole, Namêche, qui le guettait sur le trottoir, pénétrait dans l'officine en coup de vent. Il demandait, à la hâte, une bouteille d'eau minérale: Vichy, Contrexéville, ce qui, dans la plupart des cas, obligeait le pharmacien à quitter son comptoir pour descendre à la cave. Pendant ce temps, l'homme transvasait la solution de morphine dans un récipient à large ouverture qu'il cachait sous sa vareuse et lui substituait de l'eau claire apportée à cet effet. Puis, sous couleur qu'il avait oublié sa bourse, il partait sans prendre l'eau minérale. Après quoi, la fillette ne tardait guère à le suivre, en invoquant le premier prétexte venu. Ce travail compliqué lui rendait la vie assez incommode en Belgique,—il était de Namur. Comme tous les inventeurs plus grands que leur destinée, il vint demander un refuge à Paris, où, sans la clairvoyance d'un potard inaccessible à la fantaisie, il cueillerait sans doute encore des pavots dans chacun des vingt arrondissements.

La morphine compte sous ses étendards moins de poètes que l'alcool. A peine Edouard Dubus et Stanislas de Guaita, lorsque la «Muse *verte* » s'enorgueillit de Verlaine, de Musset, d'Edgar Poë et de tant d'illustres envoûtés. D'Anacréon à Litaïpé, d'Horace à Chaulieu, de Khayyam à Béranger, tous les faiseurs d'odelettes ont dit le charme de la coupe et les festins couronnés de verveine, cependant Beaudelaire, en même temps qu'il célébrait l'«âme du vin», montrait les

> ... hardis amants de la démence,
> Fuyant le grand troupeau parqué par le destin
> Et se réfugiant dans l'opium immense.

Après lui, Guaita dont les poèmes inconnus étincellent de beautés, a, seul avec Jacques d'Adelsward, chanté, en France, un hymne aux herbes vénéneuses:

> Salut, flore équivoque!
> L'infortuné t'invoque.
> Dompteuses des douleurs,
>   Salut, ô fleurs!
>
> Soyez bénis, en somme,
> Sucs, qui versez à l'homme
> Au visage pâli
>   Le calme oubli [1] .

[1] *Rosa mystica* , Lemerre, 1884.

En revanche, les hommes politiques recourent fréquemment au coup de fouet de la piqûre. Le docteur Louveau, en 1887, au moment de l'affaire Schnœbelé, a vu, dans les jardins de l'Elysée, le général Boulanger se faire une piqûre. Le prince de Bismarck ne parlait au Reichstag qu'après s'être injecté une assez forte dose. Vers le soir de sa vie, il usa largement de la drogue favorite.

L'acteur Marais, morphinomane enragé, mourut en pleine démence, vers la quarantième année. Il se croyait en vérité Michel Strogoff. Il se prenait de querelle dans les rues avec des passants inoffensifs, «pour Dieu, pour le tzar, pour la Patrie»! Le beau Damala ne pouvait jouer *La Dame aux camélias* sans se faire donner, à chaque entr'acte, plusieurs grammes de morphine. Guy de Maupassant, morphino-éthéro-cocaïnomane, combinait les divagations de la paralysie générale avec les délires toxiques, dans la maison de santé où finit misérablement une vie à ses débuts trop heureuse. Enfin, on atteste, chez les gens bien informés, que le docteur Babinski injectait quelques centigrammes de morphine, par vingt-quatre heures, à l'illustre Charcot, atteint, pendant les derniers mois de sa vie, d'un lumbago chronique. Alphonse Daudet, que les douleurs fulgurantes du tabès excruciaient nuit et jour, fut obligé de recourir au poison dont il avait, dans l'*Evangéliste*, analysé avec tant d'élégance et de précision l'influence endormeuse.

C'est encore une opinion erronée que d'imputer au morphinomane des hallucinations. La morphine est, je le répète, impuissante à donner des rêves. Elle accroît simplement la conscience de l'individu. Il n'en est pas de même quand elle se complique d'un autre poison, la cocaïne, par exemple, qui rend fol et visionnaire, en très peu de temps, le chercheur d'inconnu. Stanislas de Guaita, qui contrepointait agréablement d'occultisme sa morphinomanie, tenait la cocaïne en une estime toute particulière à cause qu'elle agit directement sur le «médiateur plastique» [2] et sur le «corps astral». Par ésotérisme, il s'était rendu cocaïnomane. Il apercevait de temps à autre le spectre d'une femme assassinée dans un placard à l'usage de porte-manteau. Le fameux Valentin Cabannes, élève apothicaire, dont Chambard (*Les Morphinomanes*, bibliothèque Charcot-Debove) a publié les divagations avec un infini détail et qui, depuis dix-sept ans, traîne de sanatorium en hospices d'aliénés, Valentin Cabannes avait, quant à lui, des hallucinations plus conformes à la vulgarité de sa nature. Il apercevait à la terrasse des cafés de Bordeaux toute sorte de gens qui l'invitaient à «consommer». Il ne s'en faisait faute, puis, lorsque sonnait le quart d'heure de Rabelais, n'avait d'autre ressource que d'aller conter au poste le plus voisin les troubles de sa mentalité.

[2] Les Péruviens considèrent les propriétés de cette feuille (*Erythroxylon coca*) comme magiques et les sorciers de l'Amérique du Sud la font entrer dans tous leurs maléfices... *Le* Coca (*sic*) comme le haschish, mais à d'autres titres, exerce sur le corps astral une action directe et puissante. Son emploi coutumier dénoue en l'homme certains liens compressifs de sa nature hyperphysique—liens dont la persistance est pour le plus grand nombre une garantie de salut.

Si je parlais sans réticence sur ce point-là, je rencontrerais des incrédules, même parmi les occultistes.

Je dois me borner à un conseil.—Vous qui tenez à votre vie, à votre raison, *à la santé de votre âme*, évitez comme la peste les injections hypodermiques de cocaïne. Sans parler de l'habitude qui se crée fort vite, plus impérieuse encore, plus tenace et plus funeste que toute autre du même genre, un état particulier a pris naissance.

Une porte a été franchie, une barrière s'est écroulée. Brusquement introduit dans un monde inconnu, l'on se trouve en rapport avec des êtres dont on ignorait jusqu'à l'existence. Bref, un *pacte tacite* a été conclu.

Comment? Par la vertu du sang. Ceci paraîtra clair si l'on saisit la portée des quelques lignes que voici, traduites de Porphyre: «*L'âme restant liée au corps, même après la mort physique, par une tendresse étrange et une affinité d'autant plus étroite que cette essence a été séparée plus brusquement que son enveloppe, nous voyons les âmes en grand nombre voltiger, toutes désorientées, autour de leurs dépouilles terrestres. Bien plus, nous les voyons rechercher avec diligence les débris de cadavres étrangers et, sur toute chose*, le sang fraîchement épandu, *dont la valeur semble leur rendre, pour quelques instants, certaines facultés de la vie*.»

«Aussi, les sorciers abusent-ils de cette notion, dans l'expérience de leur art. Nul d'entre eux qui ne sache évoquer de force ces âmes et les contraindre à paraître *soit en agissant sur les restes du corps qu'elles ont quitté, soit en les invoquant dans la vapeur du sang répandu*.» (Porphyre, *De sacrificiis* .)

... Le sang, comme le laisse entendre ce philosophe est un aimant des puissances spirituelles; car il leur fournit le moyen de s'objectiver et de ressaisir un instant quelques-unes de leurs virtualités antérieures... La cocaïne est féconde en prodiges de cette sorte... La puissance configurative et plastique du sang peut réagir sur les êtres potentiels qui se dérobent à l'état d'*essence* derrière son voile cristallin—et les manifester *au dehors* . Mais ce mélange théurgique a la valeur d'*un pacte* . Il sera bon d'y prendre garde.

STANISLAS DE GUAITA , *Le Serpent de la Genèse* . Première Septaine: *Le Temple de Satan* , cap. VI (*Librairie du Merveilleux* , 1891).

Cette bizarre croyance à la réincarnation des morts par la vertu du sang n'appartient pas à Guaita plus qu'à Porphyre. C'est une des vieilles superstitions en honneur chez les races indo-européennes (Cf. Aulu-Gelle, *Nuits attiques* , lib IX , cap. IV et, sur le vampirisme des populations grecques, moldo-valaques, illyriennes, etc. Mérimée, *La Guzla* .)

Le plus illustre vestige en est conservé dans le chant onzième de l'*Odyssée* : «Alors je tirai mon épée aiguë de sa gaine, le long de ma cuisse, et je creusai une fosse d'une coudée dans tous les sens...; puis, ayant prié les générations des morts, j'égorgeai les victimes sur la fosse, et le sang noir y coulait. Et les âmes des morts qui ne sont plus sortaient en foule de l'Erébos... Et je m'assis, tenant l'épée aiguë, tirée de sa gaine, le long de ma cuisse; et je ne permettais pas aux têtes vaines des morts de boire le sang avant que j'eusse entendu Teirésias... Arriva l'âme de ma mère morte, d'Antikléia fille du magnanime Autolykos, que j'avais laissée vivante en partant pour la sainte Ilios. Et je pleurais en la voyant, le cœur plein de pitié; mais malgré ma tristesse, je ne lui permis pas de boire le sang avant que j'eusse entendu Teirésias.»

Quand Teirésias a rendu son oracle, Ulysse accorde aux morts de s'abreuver dans le sang des victimes et, par là même, de reprendre un instant le cours de leur vie interrompue:

«... Je restai sans bouger jusqu'à ce que ma mère fût venue et eût bu le sang noir. Et aussitôt elle me reconnut; elle me dit, en gémissant, des paroles ailées.»

(*Odyssée* , Rhapsodie XI ; traduction Leconte de Lisle.)

Peut-on guérir la morphinomanie? et quel chemin élire dans ce but?

A la suite du professeur Brouardel, des médecins Pichon et Chambard (morts l'un et l'autre morphinomanes), et de quelques praticiens moins connus, le professeur J....... préconise la suppression lente. L'originalité de sa méthode, plagiée, au demeurant, du docteur Pichon, consiste à laisser ignorer, pendant une quinzaine de jours, au malade qu'on lui donne de l'eau pure ou du sérum en guise de morphine. Le professeur J....... tient extraordinairement à cette «invention» qui lui permet d'exercer, dans sa clinique, la plus rude contrainte envers les miséreux et les infirmes dévolus à son traitement.

C'est un mélange de chaouc et de maître d'école que ce psychiâtre, bête comme un instituteur et mal embouché comme un égout, produit nauséabond des concours et du travail sans intelligence ni bonté, lâche, taquin et malfaisant; que cet Astier-Réhu, purgon aux traits d'oiseau de proie, au regard vide et terne, à l'écriture balourde et puérile, qui s'exprime en langage de portier et s'acharne à martyriser avec pédantisme les malheureux tombés entre ses mains. Le cuistre, envieux de toute supériorité, se mâtine chez lui d'un pion inquisitorial et despotique, également honni de ses maniaques, de ses élèves et de ses infirmiers.

La plupart des marchands de soupe qui détiennent un sanatorium comme ils auraient la gérance d'un casino, d'un cercle ou d'un café-concert, pratiquent la guérison lente. Ils s'accommodent pour que l'opération marche avec un laisser-aller profitable. On y ménage si élégamment les gradations que parfois le malade qui, à son entrée dans l'*emporium*, prenait une dose minime de poison, a doublé, triplé, décuplé sa provende, après quelques semaines, pour le plus grand contentement du tenancier. Ces sortes de maisons, à l'ordinaire, sont fort agréables. On y rencontre des hommes sans scrupules et des femmes sans maris. La chère est savoureuse, les vins potables, la compagnie indulgente, le parc ombreux et ratissé. On flirte, on danse, et l'on décaméronne à dire d'experts, chaque malade étant d'ailleurs pourvu d'une solution vigoureuse et d'un outillage perfectionné. Le médecin en chef accorde à sa clientèle autant de plein-air et de liberté qu'elle en désire. Là, point d'infirmiers, de grilles inciviles, de portes ni de verrous. Certes, chez les docteurs Sollier, chez Comar, à la clinique du professeur J....... les règles sont étroites et la claustration plus sévère, à coup sûr, que dans une prison politique. Inversement, chez les entrepreneurs de guérison à date imprécise, tout concourt à l'émancipation de la clientèle qui se garde avec soin de pâtir et d'observer le moindre jeûne.

Dans une de ces boîtes, si j'ose m'exprimer ainsi, la plus heureuse entente régnait entre les morphinomanes et les pharmaciens de la localité. Ces habiles négociants tenaient des grammes de morphine tout pesés en petits paquets. Ils ne demandaient qu'un prix minime, environ douze fois la valeur de l'objet, mêlant ainsi les charmes de la bienfaisance au plus extrême désintéressement.

A l'autre extrémité, les docteurs Magnan, Dubuisson, Legrain, les uns à Sainte-Anne, l'autre, à Ville-Evrard, appliquent la méthode que pratiquait à Berlin, il y a vingt ans, le docteur Levinstein, méthode qui se borne à supprimer net la morphine du patient, inclus pour toute précaution dans une chambre haute, dûment verrouillée et capitonnée, afin de ne causer point au docteur qui «l'améliore» le déplaisir de compter un suicide au nombre de ses clients.

La méthode de la suppression brusque ne va pas sans tels inconvénients qui donnent à réfléchir aux personnes méticuleuses. Ainsi, dans la maison de santé même du professeur Levinstein, son collègue Wesphal eut l'indiscrétion d'en mourir. Comme, au bout d'un certain temps, il ne criait plus dans sa chambre, on alla voir ce qu'il faisait. Il avait rendu l'esprit, sans demander autre chose. A part, d'ailleurs, ce léger incident, la cure avait réussi parfaitement.

Le docteur Bérillon emploie à désensorceler ses morphinomanes la suggestion hypnotique. Il montre à ces infortunés une Pravaz pleine de liquide, non sans l'avoir, au préalable, imbue d'effluves magnétiques; mais il n'enfonce jamais l'aiguille dans leur peau. C'est, proprement, le souper de Sancho dans l'Ile de Barataria, ou, pour mieux dire, l'illusion des va-nu-pieds, qui grignotent leur croûte au soupirail des cuisines. Le morphinomane prend goût à ce régime platonique. Guéri pour jamais, à ce que déclare le taumaturge, il court néanmoins à l'officine la plus proche, acquérir avec une bonne seringue une solution de luxe, idoine à le réconforter.

Enfin, les docteurs Alice et Paul Sollier, dans leur sanatorium de Boulogne-sur-Seine, le docteur Comar, qui, pour les petites bourses, applique leur méthode villa Montsouris, dans le quartier de la Glacière, le docteur Noguès, à Toulouse, suivent la pratique d'Erlenmeyer, non sans l'avoir grandement perfectionnée. Le malade est sevré, dans la plupart des cas, en moins d'une semaine, surveillé de nuit et de jour par les deux docteurs et leurs médecins adjoints. Au lieu de faire traîner le supplice, d'en diluer en quelque sorte les affres et les tortures dans une suppression interminable qui soutire la vigueur du sujet et, pour de longs mois, le laisse anéanti, l'opération brève et rude, après un choc terrible, une agonie pour vivre, lui permet de réagir promptement. La chambre de gehenne est, en même temps, une chambre de résurrection. Reprenez l'espérance, vous qui entrez ici! Des soins ingénieux et doux atténuent, chez les docteurs Sollier, cette formidable épreuve. La beauté du site, le charme du décor concourent, un peu plus tard, à rendre au convalescent l'amour de l'existence normale que sa morne passion avait oblitéré.

La démorphinisation ne commence, en réalité, qu'après le sevrage et la crise inhérentes aux premières heures d'abstinence. La dose importe peu. On est aussi bien morphinomane pour quelques centigrammes que pour plusieurs grammes; l'empoisonnement est le même, la cure aussi pénible dès que *l'état de besoin* est créé. «Ce qui importe n'est pas ce que l'on prend, mais ce que l'on garde.» (Sollier.)

La morphine agit en paralysant les centres de la vie végétative, le nerf pneumogastrique, le grand sympathique. Aussi la guérison ne commence qu'autant que les émonctoires, largement ouverts par une médication appropriée, la peau, le foie, les glandes salivaires, l'intestin, ont évacué les éléments histologiques, dégradés par le poison et la funeste hygiène des morphinomanes.

Voici dans quel ordre se présentent à peu près les symptômes caractéristiques de la suppression rapide:

Quelque temps après la dernière piqûre—écrit un évadé—les douleurs se manifestent, sueurs froides, bâillements, inquiétude; bientôt une sensation d'arrachement continu dans les poignets et les genoux: c'est la question du brodequin. A part cette gêne locale, et tout à fait signalétique, nulle souffrance, à prendre ce mot dans sa commune acception; mais une angoisse telle que, pour la rompre, ne fût-ce qu'un instant, la blessure la plus cuisante, le «choc chirurgical» seraient les bienvenus. Supposez un être étouffé sous des oreillers ou bien encore plongé dans le vide, et qui, pendant trente-six ou quarante heures, ne parviendrait à respirer ni à mourir.

En même temps, l'esprit s'éveille, la mémoire s'illumine et la conscience, plus nette, ressuscite. Le séquestre qui pesait sur le cerveau est, à présent, levé. Les images abondent, les idées, les comparaisons heureuses, les paroles jaillissent d'elles-mêmes. C'est un besoin d'expansion, beaucoup moins turbulent, mais non moins impérieux que celui qu'on peut voir chez l'homme pris de vin, un état d'excitation véhémente qui se maintient à peu près deux jours et une nuit. Bientôt, le calme succède à l'orage. Cette cloison que la drogue homicide interpose entre son esclave et le monde gît enfin abattue. Les ténèbres de la Morphine font place au grand jour de la Vie. Inquiet d'abord, le sommeil reparaît, s'affirme, et l'on peut dire que le malade, aussitôt qu'il dort à son accoutumée, est évadé enfin des ergastules de l'opium. A la crise aiguë, à l'agonie pour vivre, succède un délicieux anéantissement, une lassitude aimable d'accouchée, une «paix alcyonienne», un sentiment de force et de plénitude inconnu depuis longtemps.

Peut-être convient-il de situer l'*état de désir* (G. Dumas) à cette minute crépusculaire. Le besoin a disparu, la morphine a cessé de faire partie intégrante de la vie organique. Absorber du poison n'est plus un besoin vital. Mais, dans la dépression qui le domine, comment l'évadé ne songerait-il point aux décevants baisers de la fiole coutumière? Il faut, alors, une tension permanente pour fuir l'appel intérieur et ne *désirer* plus l'injection béatifiante. Ce désir, néanmoins, s'efface peu à peu, quand l'organisme est suffisamment affranchi du poison, régénéré. D'où, la nécessité de prolonger la cure pendant un assez long terme. Le «Démon de la perversité» n'a rien à voir à cela; mais quand la menteuse vigueur de la morphine a disparu, tandis que la force naturelle se fait encore attendre, comment ne point évoquer le magistère qui, sans lutte ni retard, donne —il est vrai pour un formidable escompte—l'alacrité des sens et la jeunesse de l'esprit? D'ailleurs, nul ne parcourt la Forêt «muette de lumière», sans qu'il en rapporte quelque nostalgie, et ce n'est peut-être pas seulement vers Eurydice qu'Orphée a tourné la tête, avant que de franchir les portes du Hadès.

PARIS.—IMP. N. TRÉCULT, 8, RUE DANTON

ALBERT MESSEIN, ÉDITEUR, 19, QUAI SAINT-MICHEL, PARIS (5ᵉ)

Envoi franco contre mandat-poste, timbres, etc.

Œuvres Complètes de Paul Verlaine

Avant-Propos de CHARLES MORICE

Nouvelle Édition revue et corrigée sur les manuscrits originaux et sur les 1res éditions

7 volumes in-16 de 450 pages chacun imprimés sur beau papier vergé.

Chaque volume broché 12 fr. Relié richement amateur 25 fr.

Le TOME 1 contient:

Poèmes Saturniens.—Fêtes Galantes—La Bonne chanson.—Romances sans paroles.—Sagesse.—Jadis et Naguère (*vers*).

Le TOME II: Amour.—Parallèlement.—Bonheur.—Chansons pour elle.—Liturgies intimes.—Odes en son Honneur (*vers*).

Le TOME III: Élégies.—Dans les Limbes.—Dédicaces.—Epigrammes.—Chair.—Invectives
(*vers*).

Le TOME IV: Les Poètes Maudits.—Louise Leclercq.—Les Mémoires d'un Veuf.—Mes Hôpitaux.—Mes Prisons (*proses*).

Le TOME V: Confessions.—Quinze Jours en Hollande.—Vingt-sept biographies de Poètes et Littérateurs (*proses*).

ŒUVRES POSTHUMES

Le TOME 1er , (*vers et proses*), contient: Vers de Jeunesse.—Varia.—Parallèlement. (*additions*).—Dédicaces (*additions*).—Souvenirs.—Histoires comme ça.

Le TOME II (*vers et proses* : Charles Baudelaire.—Voyage en France par un Français.—Souvenirs et Promenades.—Vers, Critiques et Conférences.—Dessins de Paul Verlaine.

Poésies religieuses. Préface de J.-K. HUYSMANS , Choix de poésies in-12	5 75
Verlaine intime, par CH. DONOS , ill. d'après des dessins de P. VERLAINE	5 75
Les Manuscrits des Maîtres :	
PAUL VERLAINE. Sagesse. Un vol. in-4. Portrait à l'eau-forte, d'après CARRIÈRE . Reproduction autographique du manuscrit original.	30 »»
ARTHUR RIMBAUD. Poésies. Un vol. in-8 grand jésus, tiré à 500 exemp. Portrait à l'eauforte, d'après FANTIN-LATOUR . Reproduction autographique des poèmes publiés, en grande partie, sous le titre **"Le Reliquaire "**	30 »
PAUL VERLAINE. Fêtes Galantes. Reproduction en taille-douce du manuscrit original. Port. à l'eau-forte, d'après FANTIN-LATOUR	30 »
HOMMAGE A PAUL VERLAINE Publié en 1910 à l'occasion de l'érection du mo-	15 »

nument.—Poèmes de: MALLARMÉ —MORÉAS — LÉON DIERX —PAUL CLAUDEL —HENRY BATAILLE —E. BLÉMONT —PAUL FORT —RÉMY DE GOURMONT —FRANCIS JAMMES —CH. MORICE — COMTESSE DE NOAILLES —ERNEST RAYNAUD — HENRI DE RÉGNIER —LAURENT TAILHADE — EMILE VERHAEREN —VIELÉ GRIFFIN , etc. Héliogravure du monument de Niederhausern. 1 fort vol. in-4° couronne

ÉDOUARD DUBUS

Poésies complètes. *Quand les violons sont partis et Vers Posthumes.* Préface de LAURENT TAILHADE . in-12   5 75

TRISTAN CORBIÈRE

Œuvres complètes. *Les Amours jaunes* . Edition définitive avec portrait. Préface de CH. LE GOFFIC   5 75

Table des matières

Sans nom	4
La «Noire Idole»	5
LAURENT TAILHADE	6
Étude sur la Morphinomanie	6
Œuvres Complètes de Paul Verlaine	22